NOUVEL

ALPHABET

DE LA

VIE DES SAINTS.

ORNÉ

de 24 jolies Vignettes.

MONTBÉLIARD,

A LA LIBRAIRIE DE DECKHERR FRÈRES.

NOUVEL

ALPHABET

DE LA

VIE DES SAINTS.

MONTBÉLIARD,

A LA LIBRAIRIE DE DECKHERR FRÈRES.

A	a
B	b
C	c

D	d
E	e
F	f

G g
H h
IJ ij

K	k
L	l
M	m

N	n
O	o
P	p

Q	q
R	r
S	s

T	t
U	u
V	v

X	X
Y	y
Z	Z

A B C D

E F G H

I J K L M

N O P Q

R S T U

V X Y Z.

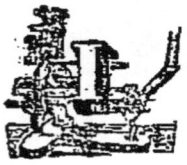   

ALPHABET QUADRUPLE,

OU

Lettres majuscules et minuscules, courantes, italiques et manuscrites.

A a	B b	C c	D d	E e
A a	*B b*	*C c*	*D d*	*E e*
F f	G g	H h	I i	J j
F f	*G g*	*H h*	*I i*	*J j*
K k	L l	M m	N n	O o
K k	*L l*	*M m*	*N n*	*O o*
P p	Q q	R r	S s	T t
P p	*Q q*	*R r*	*S s*	*T t*
U u	V v	X x	Y y	Z z
U u	*V v*	*X x*	*Y y*	*Z z*

1.) *Voyelles simples.*

a. e. i. o. u. y.

Pa pa. A mi. Mi mi. ma ri. jo li. po li. lu ne. ca ve. ra ce. ra re. ra ve. ri re. Ro me. i ma ge. u ne da me. a ne. li a. u ni. u ti le. re li u re. i do le. i ci. il y a. mo ra le. mu le. mi di. my o pe. na tu re. ve nu. fi ni. la me. lo ge. li mi te. pa ro le. pa ri.

Ba la am. im mo bi le. un a ni me. Ba al. al co ol. mu tu el. ar me. or ge. ur ne. ca ba ne. o bo le. bo bi ne. a by me. ra pi de. py ra mi de. a va re. vi te. fa ri ne. ab so lu. ob te nu. if. do du.

fa de. sa ge. si re. ci re. zi-
be li ne. ga ze. ce ci. Et na.
ad mi ra. os. es ti me. cu ve.
ga le. go go. ac tu el. ju ge.
la lu ne. ha bi le. ha ro. hu-
mi de. ah. oh. eh. mo xa.
lu xe. ex cu se.

2.) *Voyelles composées pures.*

eu. ou. aa. au. eau. ao. ae.
œ. ai. ay. ei. ey. œu. aou.

Eu ro pe. lu eur. meu le.
a veu. feu. seu le. jeu. rou-
ge. bou le. vou lu. dou ze.
tou te. sou pe. gou ge. jou-
jou. cou cou. A ar. au ro re.
tau pe. mau di re. eau. beau.
veau. Saô ne. Æt na. OE-
di pe. ail. lai ne. Bo ta ny-
Bay. rei ne. dey. vœu. œuf.
saou le.

3.) *Voyelles composées nazales.*

an. on. un. in. yn. en. ean.
aon. am. om. eun. um.
ain. ein. im. ym. aim.
ein. em.

An se. a man de. a ban—
don. on de. ca non. Lun di.
la pin. bou din. en te. a—
men de. pen du. Jean. paon.
lam pe. jam be. bom be. nom.
jeun. par fum. sain. sein.
cym ba le. im pu re. faim.
em pi re

4.) *Voyelles accentuées.*

à. â. é. è. ê. î. ô. ù. û.

à Nan cy. à cô té. pâ le.
pâ te. é té. fé li ci té. pè re.
Ge nè ve. ul cè re. sé vè re.
Cè ne. pê che. fê te. tê te.

mê me. gî te. tô le. au mône. où va le pè re? le dû.
voû te.

5.) *Voyelles accompagnées de plusieurs consonnes.*

Ca nal. vol. fil. sel. car.
gor ge. dur. mar tyr. fer.
Job. rup tu re. ac cep té.
ca nif. sud. cos tu me. dis-
pu te. coq. sac. roc. zig zag.
é nig me. dex té ri té.

Bra ve. bro che. sa bre.
pru ne. prê tre. se vré. pa-
ter nel. dru. a tro ce. tri-
bu nal. cro co di le. a gri cul-
tu re. grê le. plu me. flû te.
trè fle. cer cle. glo be. règle. gno me. spi ri tu el. stu-
pi de. stè re. sca ro le.

Stra ta gè me. tact. parc.

cerf. mops. musc. bref. troc. grec. bloc. spec ta cle. structure. sculp tu re. strict.

6.) *Diphthongues pures.*

ia. io. ie. iè. ié iau. iai. ieu. ieue. iou. oè. oi. oy. oie. ui. uie. ue. ué. oua. ua. oui. ouè. oue.

Dia ble. fio le. vie. lie ra, pié ton. a mi tié. fiè vre. miel. fier. fief. miau le. au xi liai re. Dieu. lieu. lieue. chiour me. boè te. roi. vic toi re. joie. suite. pluie. vue. pué ril. douane, oui. foui ne. Ouest. boue.

7.) *Diphthongues nazales.*

ian. ion. ien. oin. ouin. uin.

Vian de. pion. bien. foin. grouin. Juin.

8.) *Consonnes ou articulations composées.*

qu. gu. gh. ch. ge. rh. ph. th. w.

Qua li té. pi quû re. qui con que. gui de. guè pe. fi gue. Af gha ne. é cho. chê ne. ca té chu mè ne. dé chi ru re. drach me. il ju gea. ga geu re. Rhô ne. rhu me. pa ra phe. mé tho de. thé. Go li ath. Wa gram. Mo loch. Jo seph. Ruth. Beth lé em. di phthon gue. isth me. Chro ni que. sphè re. Christ. sphynx. Rheims.

9.) *Consonnes muettes.*

Bas. rat. rats. es to mac. es to macs. Mag de lei ne. drap. draps. con dam né. mot. mots. nop ces. au—

tom ne. Mon sieur. ni gaud.
nigauds. maux. faulx. veaux.
accroc. j'eus. il eut. lys. lit.
lits. je lis. cric. cris. fusil.
fu sils. Ju dith. pa ro les.
Nis mes. tu par les. ils par-
lent. prés. près. prêt. prêts.
pieds. clefs. ber ger. ber-
gers. nez. pro jets. sept plats.
ils par laient. neuf li vres.
nœuds. vœux. je veux. loups.
Doubs. doux. pouls. poux.
en fant. en fants. francs.
grands. dents. ha rengs. tems
ou temps. bons. bonds. noms.
ils par le ront. long. plomb.
prompt. sain. sains. sein.
seins. saint. saints. ceint.
ceints. cinq francs. seing.
seings. vingt sous. ins tinct.

doigt. doigts. poing. clerc.
sourd. les nerfs. fils de roi.
scep tre. scien ce. à l'in sçu.

10.) y *pour deux* i.

Pa ys (pai–is). mo yen.
(moi–ien. ro yau me. tu yau.
so yeux. vo yel le.

11.) y *mouillé.*

Pa yen. Ba yard.

12.) l, il, ll, ill *mouillés.*

Ba bil. so leil. ail. fe nouil.
deuil. cé di lle. pa pi llon.
abei lle. brou illon. gre-
nou ille. feu illet. or gueil.
œ illet.

13.) gn *nazal.*

Si gnal. es pa gnol. sai-
gnant. a gneau. com pa gnie.

14.) *Tréma.*

Sa ül. Paul. ha ï. hai ne,
Ca ïn. pu bli cain. hé ro ï-
que. roi. ai gu e. (prononcez
ci guë). Ci gue.

15.) *Cédille.*

Fa ça de. cas ca de. re çu.
cu ve. gar çon. fla con.

16.) *Liaison des finales.*

Ils ont é té. heu reux es-
poir. neuf heu res. sang et
eau. grand hom me.

17.) *Prononciation irrégulière de quelques
consonnes et voyelles.*

Par ti al. pro phé tie. fac-
ti eux. pa tien ce. na ti on.
frac ti on. ro se. cho se. cou-
si ne. ce ri se. cloi son. Is-
ra ël. dix—huit. si xiè me.

Bru xel les. soi xan te. Metz.
schis me. fem me. en nui.
hen nir. pré cé dem ment.
e xa men. coi gnée. oi gnon.
vui de.

18.) *Signes et accents.*

Nom.	Figure.
Tréma	¨
Apostrophe . . .	'
Trait d'union. . .	-
Cédille	ç
Parenthèse . . .	( )
Guillemets . . .	« »
Virgule, *pour s'arrêter un peu.*	,
Point et virgule, *davantage*	;
Deux points, *davantage encore*	:

Point, *tout-à-fait* . . .

Point d'interrogation ?

Point d'admiration
ou d'exclamation . . !

Accent aigu . . . é

Accent grave . . . è

Accent circonflêxe . ê

Exemples à expliquer par le maître.

Haï. hai ne. — l'a mi. l'é-
cole. s'il vient. — Lui-mê me
a-t-il du pain ? — il pla ça la
cage. — Mon pè re, (dit Jésus-Christ,) par don nez-leur,
car ils ne sa vent ce qu'ils
font. — U ne let tre de
Xer xès à Lé o ni das ne
con te nait que ces mots :
« Rends tes armes. » Lé o-
ni das é cri vit au-des sous :
« Viens les pren dre. » —

Je crains Dieu, cher Ab ner, et n'ai point d'au tre crain te. — Rien ne sert de cou rir; il faut par tir à point. — Dieu dit : Que la lu miè re soit; et la lu miè re fut. — Qui te rend si har di de trou bler mon breu va ge? — Qu'un a mi vé ri ta ble est u ne dou ce cho se!

MAXIMES,

SENTENCES, PROVERBES

—

C'EST Dieu qui a fait tout ce qui est.

C'est de Dieu que je tiens tout ce que j'ai.

Ne fais point le mal, mais fais le bien.

Ne dis que ce que tu sais.

Ne fais pas à un au tre ce que tu ne veux pas qu'il
le fa sse.

Si tu fais du mal, a ttens du mal.

Peu man ger et peu par ler ne fit ja mais de mal.

Qui fait mal, craint tou jours.

Soyez muet quand vous do nnez et par lez quand
on vous don ne.

Fai tes bien, et lai ssez di re.

Un bien fait n'est ja mais per du.

On ne croit pas le men teur, mê me quand il
dit vrai.

L'ho mme pro po se, Dieu dis po se.

La peur est un mau vais con sei ller.

Ne re mets pas à de main ce que tu peux fai re
au jour d'hui.

Avez-vous quel que cho se à fai re pour de main, fai tes-le au jour d'hui.

Crains Dieu; ho no re tes pa rents, ché ris tes a mis, o bé is aux lois.

Cho se bien co mmen cée est à moi tié fai te.

Con ten te ment pa sse ri che sse.

Dieu dit à l'ho mme; Ai de-toi, je t'ai de rai.

Le pa res seux est tou jours pau vre.

La men di ci té pa raît dou ce à l'ho mme qui a per du tou te hon te.

A vec de la per sé vé ran ce on vient à bout de tout.

A près jeu nes se oi si ve; vie ille sse pé ni ble.

Ce qui s'a pprend au ber ceau ne s'ou blie ja mais.

Il vaut mieux être seul qu'en mau vai se com- pagnie.

E cou te a vant de par ler.

Ne ré pond pas a vant que d'a voir ou ï, et n'in- ter romps pas le dis cours.

Le pau vre n'est pas ce lui qui a peu, mais ce lui qui dé si re beau coup.

Qui a ban do nne les siens, est a ban do nné de Dieu.

Remets dans son che min le vo ya geur qui s'é ga re.

Ne fais rien de hon teux en pré sen ce des au tres, ni dans le se cret.

Aye hon te de ne di re mot à ceux qui te sa luent,
de re pro cher a près a voir do nné, de ra-
ppor ter un dis cours que tu au ras en ten du,
et de ré vé ler ce qui est se cret.

C'est à fai re à un ho mme mal a ppris d'é cou ter
à la por te; mais tout ho mme sa ge ne se charge ra pas de ce dés ho nneur.

Où l'on tra va ille beau coup, là est l'a bon dan ce:
mais où l'on par le beau coup, l'in di gen ce
se trou ve sou vent.

Le long dor mir fait qu'on por te des ro bes
dé chi rées.

Le cœur jo yeux em bel lit le vi sa ge.

Craignez un Dieu tout saint, fuyez ce qui le blesse:
C'est là le premier pas qui mène à la sagesse.

Que votre piété soit sincère et solide,
Et qu'à tous vos discours la vérité préside.

Tenez votre parole inviolablement:
Mais ne l'engagez pas inconsidérément.

Soyez officieux, complaisant, doux, affable,
Poli, d'humeur égale, et vous serez aimable.

Du bien qu'on vous a fait soyez reconnaissant.
Montrez-vous généreux, humain et bienfaisant.

Donnez de bonne grâce : une belle manière
Ajoute un nouveau prix au don que l'on veut faire.

Rappelez rarement un service rendu :]
Le bienfait qu'on reproche est un bienfait perdu.

Ne publiez jamais les grâces que vous faites;
Il faut les mettre au rang des affaires secrètes.

Au bonheur du prochain ne portez point envie.
N'allez pas divulguer ce que l'on vous confie.

Sans être familier, ayez un air aisé.
Ne décidez de rien qu'après l'avoir pesé.

A la religion soyez toujours fidèle;
On ne sera jamais homme de bien sans elle.

Détestez et l'impie et ses dogmes trompeurs;
Ils séduisent l'esprit, ils corrompent les mœurs.

Mettez votre plaisir à faire des heureux,
Et soulagez surtout le pauvre vertueux.

Soyez homme d'honneur et ne trompez personne :
A tous ses ennemis un cœur noble pardonne.

Aimez à vous venger par beaucoup de bienfaits;
Parlez peu, faites bien, et gardez vos secrets.

N'ayez point de fierté; ne vous louez jamais;
Soyez humble et modeste au milieu des succès.

Surmontez les chagrins où l'esprit s'abandonne :
Ne faites rejaillir vos peines sur personne.

Supportez les humeurs et les défauts d'autrui :
Soyez des malheureux le refuge et l'appui.

Reprenez sans aigreur : louez sans flatterie.
Ne méprisez personne : entendez raillerie.

Fuyez les libertins, les menteurs, les méchants :
Choisissez vos amis, voyez d'honnêtes gens.

Jamais ne parlez mal de personnes absentes ;
Badinez prudemment les personnes présentes.

Avec les inconnus usez de méfiance ;
Avec vos amis même ayez de la prudence.

Point de folles amours, ni de vin, ni de jeux :
Ce sont là trois écueils en naufrages fameux.

Ne perdez point le temps à des choses frivoles !
Le sage est ménager du temps et des paroles.

Sachez à vos devoirs immoler vos plaisirs,
Et, pour vous rendre heureux, modérez vos désirs.

Ne demandez à Dieu ni grandeur ni richesse :
Mais pour vous gouverner demandez la sagesse.

LA CARPE ET LES CARPILLONS.

FABLE.

Prenez garde, mes fils, cotoyez moins le bord,
    Suivez le fond de la rivière ;
    Craignez la ligne meurtrière,
  Ou l'épervier plus dangereux encor.
C'est ainsi que parlait une carpe de Seine
A de jeunes poissons qui l'écoutaient à peine.
C'était au mois d'Avril : les neiges, les glaçons,
Fondus par les zéphirs, descendaient des montagnes
Le fleuve enflé par eux s'élève à gros bouillons,
    Et déborde dans les campagnes.
    Ah ! ah ! criaient les carpillons,
    Qu'en dis-tu, carpe radoteuse ?

Crains-tu pour nous les hameçons?
Nous voilà citoyens de la mer orageuse:
Regarde; on ne voit plus que les eaux et le ciel;
    Les arbres sont cachés sous l'onde;
    Nous sommes les maîtres du monde:
    C'est le déluge universel.
Ne croyez pas cela, répond la vieille mère;
Pour que l'eau se retire, il ne faut qu'un instant;
Ne vous éloignez point, et, de peur d'accident,
Suivez, suivez toujours le fond de la rivière.
Bah! disent les poissons, tu répètes toujours
        Même discours;
Adieu, nous allons voir notre nouveau domaine.
    Parlant ainsi, nos étourdis
    Sortent tous du lit de la Seine,
Et s'en vont dans les eaux qui couvrent le pays.
    Qu'arriva-t-il? les eaux se retirèrent,
    Et les carpillons demeurèrent;
      Bientôt ils furent pris
        Et frits.

    Pourquoi quittaient-ils la rivière?
    Pourquoi? Je le sais trop, hélas!
C'est qu'on se croit toujours plus sage que sa mère,
    C'est qu'on veut sortir de sa sphère,
  C'est que... c'est que... Je ne finirais pas.
               FLORIAN.

A.   Augustin (Saint.)

AUGUSTIN nâquit à Tagaste, ville de Numidie en Afrique, le 13 novembre de l'an 354. Ses parens étaient d'une condition honnête ; son père se nommait Patrice, et sa mère était S.te Monique. L'éducation de S.t-Augustin fut dirigée avec soin, il se fit remarquer par ses dispositions excellentes pour les sciences. Dans sa jeunesse il eut une vie dissipée ; mais Dieu, touché par les larmes de S.te Monique sa mère, l'arracha au monde pour le faire vivre en vrai disciple de J.-C.

Il devint bientôt évêque d'Hippone; il fut regardé comme le plus savant

Evêque de son siècle. La sainteté de
ses mœurs le rendait aussi le modèle
des plus saints. Ses meubles et ses
habits étaient modestes, sans affecta-
tion de pauvreté ni de propreté. Augustin prêcha contre les hérésies qui
s'élevèrent de son temps ; il prit ensuite la plume pour réfuter les erreurs
que l'on cherchait à propager dans les
écrits qu'on répandait dans le public.
Arrivé à 72 ans, ce saint docteur voulut pourvoir à son successeur : il as-
sembla son peuple dans la grande
église d'Hippone et fit choisir le prêtre
Eraclius. Quant à lui, il employa le
reste de sa vie à méditer l'Ecriture-
Sainte, à prier, et à composer des
ouvrages pour défendre la foi de l'E-
glise et donner des règles de mœurs.
Il mourut le 28 août de l'année 430.

Augustin (Saint).

Basile (Saint).

B. Basile (Saint.)

BASILE était un saint prêtre d'Ancyre en Galatie, qui mérita la couronne du martyre sous Julien l'apostat. Basile fut cité devant cet empereur qui lui demanda son nom. « Chrétien est mon premier nom, répondit le saint Prêtre. J'en ai un autre sous lequel tout le monde me connaît, c'est celui de Basile. » L'empereur Julien voulut l'engager à quitter sa religion et à abjurer ses erreurs. Basile rejeta avec indignation une pareille demande, bien qu'il sût qu'un pareil refus devait attirer sur lui bien des ſouffrances et bien des douleurs. L'empereur en effet, transporté de colère, ordonna que tous les jours on déchirât le corps de ce Saint en lanières, par ſept endroits différens, jusqu'à ce qu'il fut entièrement dépouillé de sa peau. Ces ordres cruels furent exécutés : le Saint, après avoir enduré le supplice avec une constance étonnante, demanda à parler à l'Empereur. On le mena devant lui, et l'on croyait qu'il allait abjurer sa religion pour éviter les douleurs atroces que lui causait son supplice ; mais on fut bien trompé ; Basile reprocha à l'Empereur d'adorer de faux dieux, qui conduisent à l'enfer ceux qui leur rendent un culte. « Pour moi, dit le Saint, la mort est un gain, et J.-C. est ma vie ; il est toute ma force : c'est en lui que je crois, et c'est pour lui que je souffre.» On le reconduisit au supplice, on lui fit percer tout le corps avec des pointes de fer : c'est ainsi que mourut ce Saint en l'an 562.

Clotilde (Sainte).

Denis (Saint).

C.   Clotilde (Sainte.)

LOTILDE était fort jeune quand elle perdit son père et sa mère par la cruauté de son oncle, roi des Bourguignons. Cet oncle retint Clotilde à sa cour; la douceur de cette jeune fille, sa piété, son esprit et sa beauté la rendirent bientôt l'objet d'une estime universelle. Clovis, roi des Français, la demanda en mariage; il obtint sa main en 493. Clotilde, se voyant aimée de ce Prince, qui était encore païen, lui parla de religion, et le Roi prenait plaisir à l'entendre parce qu'il l'aimait et qu'elle parlait avec douceur. Clovis eût une guerre à soutenir contre les Allemands; en partant Clotilde lui dit qu'il ne pourrait battre ses ennemis qu'en invoquant le Dieu des Chrétiens. Le Roi, au milieu d'une bataille, invoqua le Tout-Puissant qui lui donna la victoire; et, au retour de cette expédition, il embrassa la religion de Jésus-Christ.

Après la mort de son mari, Clotilde se retira à Tours, où elle acheva sa vie dans les prières, les aumônes, les veilles et l'exercice de toutes les vertus. Elle fit voir par sa profonde humilité qu'elle ne pensait plus qu'elle avait été reine et que ses enfans étaient sur le trône. Elle rendit son âme à Dieu le 3 juin 545.

D.　　Denis (Saint.)

ENIS est un Saint qui se livra avec ardeur à la propagation de la religion chrétienne. La France était, dans presque toutes ses parties, livrée au paganisme et au culte des faux dieux. Saint Denis aidé de plusieurs autres Evêques, prêcha la doctrine de l'Evangile et vint jusqu'à Paris. Cette ville, plus attachée que les autres à ses superstitions, souffrit d'abord impatiemment l'ardeur de son zèle, en persécutant avec chaleur celui qui voulait qu'on renonçât à leur culte. Mais la vertu que Dieu donnait à ses prédications, fit bientôt un grand nombre de conversions. Le peuple, frappé de l'éclat et du nombre de ses miracles, s'écriait : « Un Dieu plus puissant que les nôtres est descendu parmi nous. » Saint Denis lui ayant fait comprendre qu'il n'était pas ce Dieu, mais seulement un de ses ministres, l'amena ainsi à la connaissance du vrai Dieu.

Le Saint fit bientôt bâtir une église pour y prier en commun, et y établit un clergé. A cette vue les idolâtres, et surtout les prêtres des faux dieux, se livrèrent à une violente persécution contre les Chrétiens. On se saisit de S. Denis, on le jeta en prison et on le fit mourir. Les païens voulaient jeter son corps dans la rivière, mais une femme trouva moyen de l'enlever et de l'enterrer dans l'endroit où plus tard les Chrétiens firent bâtir l'église de S. Denis.

E.   Etienne (Saint.)

ÉTIENNE fut le premier martyr chrétien, et la mort cruelle qu'on lui fit subir n'altéra pas un moment sa foi vive en Jésus-Christ. Dans les premiers temps de l'Eglise, tous les Chrétiens apportaient leurs biens en commun ; il n'y avait pas de pauvres ; tout était apporté aux pieds des Apôtres pour être partagé selon les besoins de chacun. Mais comme le nombre des Fidèles se multipliait extrêmement, les Apôtres furent obligés de se décharger d'une partie de ces soins pour se livrer entièrement à la prédication. Ils choisirent, pour

Etienne (Saint).

François de Paul (Saint).

procéder à ces partages, d'autres personnes qui donnèrent lieu à des mur-
mures sous prétexte qu'il y avait des
préférences dans les partages. Les
Apôtres proposèrent à l'assemblée de
choisir sept hommes, d'une probité
reconnue, à qui ce ministère serait
remis. Etienne fut du nombre de ceux
que l'assemblée choisit, et les Apôtres
lui imposèrent les mains. Après cette
cérémonie, Saint Etienne s'occupa
non-seulement du service des pauvres
et des veuves, mais encore il se livra
avec ardeur à la prédication. Cependant ses ennemis l'attaquèrent avec vio-
lence, produisirent de faux témoins,
se livrèrent sur sa personne aux plus
grands excès, et, l'ayant conduit hors
de la ville, ils le lapidèrent. Saint
Etienne resta debout pendant qu'on
l'accablait de pierres, et pendant son
supplice, il invoquait le nom de Dieu,
et priait pour ceux qui le traitaient si
cruellement. Sa mort arriva, à ce
qu'on croit, sur la fin de la même
année que J.-C., en l'an 33.

F. François de Paul (Saint.)

FRANÇOIS vint au monde dans la petite ville de Paule, située dans le royaume de Naples, et c'est du lieu de sa naissance que lui est venu son surnom de Paule. Dès sa jeunesse, ce Saint se fit remarquer par son amour pour la solitude et la piété : pour n'être occupé que de Dieu, il se retira dans un désert près de la mer, et s'y creusa une grotte sous un rocher. Il n'y avait pas d'autre lit que la pierre du rocher, d'autres nourriture que les herbes qui croissaient autour de sa grotte. Sous un habit vil et pauvre, il portait un rude cilice. Il habitait cette solitude depuis quatre ou cinq ans, lorsque des personnes pieuses le prièrent de les recevoir avec lui, et de leur apprendre à servir Dieu comme lui. Il ne put résister à leurs instances. Ils se bâtirent quelques cellules auprès de la sienne, et vécurent ainsi quelques années. Cependant Saint François de Paule, voyant ses disciples se multiplier, bâtit un monastère, et fit suivre à tous ses disciples les mêmes principes d'austérité que dans son premier ermitage. Pour leur apprendre que la pénitence ne servait de rien pour le ciel sans l'humilité et la charité, il leur donna le mot *charité* pour devise, et voulut qu'on les appelât *Minimes*, c'est-à-dire les moindres de tous les Religieux. La réputation du Saint le fit appeler à la Cour de Louis XI ; il y alla et édifia tous les Chrétiens par sa vie sainte et son zèle pour le culte de Dieu. Il mourut de la mort des justes le 2 avril 1507, âgé de 91 ans.

G. Geneviève (Sainte.)

ENEVIÈVE nâquit vers l'an 422, à Nanterre près de Paris. Saint Germain, évêque d'Auxerre, le remarqua par sa modestie et sa piété ; il lui demanda si elle voulait se consacrer à Dieu ; elle lui répondit que c'était tout son désir. Alors l'Evêque la conduisit à l'église et lui imposa les mains. Après la mort de ses parens, elle se retira chez sa marraine qui demeurait à Paris et reçut le voile sacré des mains de l'Evêque de Paris. Dès l'âge de 15 ans jusqu'à 50 ans, elle se livra aux plus grandes mortifications. Attila, roi des Huns, après avoir ravagé plusieurs provinces de l'Empire romain, était entré dans la France avec une armée formidable. Cette nouvelle répandit l'alarme dans Paris : les Parisiens voulaient quitter leur ville, mais Sainte Geneviève leur

Geneviève (Sainte).

Hélène (Sainte).

persuada que s'ils mettaient leur confiance en Dieu et s'ils restaient dans leur ville, leurs habitations seraient conservées et que leurs ennemis ne viendraient pas. La prophétie se réalisa ; les Barbares ne vinrent pas et Paris échappa aux ravages de la guerre ; dès lors on n'eût plus pour Sainte Geneviève que des sentimens de vénération et de confiance. Elle mourut le 3 janvier 512, âgée de 90 ans ; son corps fut déposé dans l'Eglise des Apôtres S. Pierre et S. Paul, qui porte aujourd'hui le nom de Sainte Geneviève à Paris.

H.   Hélène (Sainte.)

HÉLÈNE naquit à Drépane en Bithynie, de parens obscurs, car on prétend que son père tenait une hôtellerie. L'empereur Constance, n'étant encore qu'un simple officier, l'épousa par inclination. Hélène fut répudiée par son mari en 292. Constantin, son fils, devenu empereur, la rappela à la Cour et lui ouvrit ses trésors pour en disposer comme il lui plairait. Hélène jusqu'alors avait été dans l'ignorance de la religion de Jésus-Christ, et elle dut la connaissance de la vérité à l'empereur Constantin, son fils, qui après avoir embrassé le culte du vrai Dieu, le fit connaître à sa mère. Dès cette époque Sainte Hélène se montra pleine de zèle pour le culte de Dieu et de charité pour les pauvres. En 325, elle alla dans la Terre-Sainte, y découvrit le sépulcre du Sauveur et la Vraie Croix dont elle rapporta une partie à Constantinople; l'autre partie fut laissée par elle à Jérusalem et conservée dans une église que Constantin y avait fait bâtir et appelée l'Eglise du Saint-Sépulcre. Cette Sainte, célèbre par son mérite et sa piété, mourut en 325, âgée de 80 ans, après avoir donné à son fils d'excellentes instructions.

Irénée (Saint).

Jacques (Saint).

I. Irénée (Saint.)

RÉNÉE fut un martyr, qui se rendit célèbre par sa piété et son zèle. Il nâquit en Grèce vers l'an 120 et fut disciple de St Papias et de St Polycarpe, qui avaient été instruits par St Jean l'Evangéliste. Quelque jeune qu'il fut lorsqu'on le mit auprès de St Polycarpe, il remarquait avec soin tout ce qu'il voyait dans ce saint vieillard, afin d'en profiter. Il fut envoyé en France par cet évêque vers l'an 157. Il exerça les fonctions de prêtre dans l'Eglise de Lyon, où il devint évêque et chef des Eglises des Gaules, soit par son mérite personnel, soit par la dignité de son siége. Toute sa vie n'a été occupée qu'à instruire par ses prédications, et à soutenir par ses écrits l'Evangile de Jésus-Christ. Défenseur zélé de la foi, il attaquait

vivement les erreurs des hérétiques ;
mais il avait une charité sincère pour
les personnes. On ignore les princi-
pales circonstances de sa mort ; on
sait seulement qu'il souffrit le martyr
sous l'Empereur Sévère, en 202.

J.   Jacques (Saint.)

ACQUES, que l'on nom-
me Majeur, pour le
distinguer de l'Evêque
de Jérusalem, était frère
de S. Jean ; tous deux
étaient fils de Zébédée
et de Salomé et parens de Jésus-Christ.
Il s'occupait de la pêche, c'était son
emploi, il en vivait. Il se trouva à la
pêche miraculeuse que Jésus-Christ
fit faire à S. Pierre, et il aida celui-
ci à tirer ses filets. Ce miracle le sur-
prit, et ayant mis sa barque à bord,
il s'attacha à Jésus-Christ et devint un
de ses apôtres, c'est-à-dire qu'il fut

Louis (Saint).

Martin (Saint).

un de ceux que le Seigneur devait envoyer annoncer son Évangile aux Païens et aux Gentils. Il fut témoin de l'agonie de J.-C. dans le Jardin des Oliviers. Après sa résurrection, le Sauveur lui apparut sur les bords de la mer de Galilée où il était allé pêcher. Avant reçu le Saint-Esprit le jour de la Pentecôte, il alla prêcher l'Évangile. Il souffrit le martyr sous Hérode Agrippa, roi des Juifs, et petit-fils du grand Hérode, environ 11 ans après la mort de J.-C. un peu avant Pâques.

L. Louis (Saint.)

Louis IX, roi de France, était fils de Louis VIII et de Blanche de Castille. Dès l'enfance, sa mère lui avait inspiré le goût de la piété et de l'amour de la vertu. Lorsqu'il fut devenu majeur et libre de ses actions, ce saint roi continua à être pieux et vertueux ; une administration sage rendit son peuple heureux. En 1249, il s'embarqua avec une grande armée pour la Terre-Sainte ; il s'empara de Damiette, combattit souvent contre les Sarrasins et remporta de grands avantages contre eux. Mais la peste s'étant mis dans son armée et lui-même étant attaqué de cette maladie, il fut obligé de revenir à Damiette ; il fut fait prisonnier par les Infidèles. Pendant sa captivité, ce saint Roi n'interrompit ni ses jeûnes ni ses austérités ; il continua à édifier ses compagnons d'infortune par sa piété et sa patience. Enfin il fut rendu à la liberté moyennant une forte rançon qu'il paya. Le mauvais succès de son premier voyage en Terre-Sainte ne lui ôta pas le désir d'y retourner. Il alla en Afrique et assiégea Tunis ; mais les maladies se mirent dans son armée, le roi lui-même tomba malade ; il sentit sa fin approcher, reçut les sa-cremens avec beaucoup de piété, et quand il sentit venir sa fin, il se fit mettre sur un lit couvert de cendres, et y mourut le 25 août 1270, âgé de 55 ans. Il fut canonisé en 1297 par le pape Boniface VIII.

M. Martin (Saint.)

MARTIN vint au monde à Sabarie, ville de Pannonie, l'an 316. Il était soldat dans sa jeunesse, et dans cette profession, exact à remplir ses devoirs, il montrait par toutes ses actions qu'il ne vivait que pour Dieu. Il avait pour les pauvres un amour ardent, et on le vit une fois à la porte d'Amiens donner la moitié de son manteau, parce qu'il ne lui restait plus rien à donner. Cette action lui attira les rail-

leries de ses camarades, mais il s'en
soucia peu, car il n'attendait sa ré-
compense que de Dieu. La nuit sui-
vante pendant son sommeil, Jésus-
Christ se montra à lui, revêtu de cette
moitié de manteau qu'il avait donnée,
et environné d'une multitude d'Anges,
à qui il dit : « Martin, qui n'est encore que catéchumène, m'a couvert
de cet habit. » Il reçut le baptême à
18 ans, renonça à la profession des
armes et entra dans un monastère près
de Poitiers pour s'y sanctifier et conduire les autres à Jésus-Christ. Vers
l'an 371, Saint Martin devint évêque
de Tours ; il conserva toujours la même humilité dans le cœur, la pauvreté dans ses habits et dans ses meubles. Il sollicitait souvent auprès des
Princes le pardon des criminels, la
liberté des captifs, le retour des exi-
lés et le soulagement des personnes
affligées. Ce Saint mourut en l'an 400,
laissant après lui des exemples de vertus et de piété que tous les Chrétiens
sont appelés à imiter.

Nicolas (Saint).

Omer (Saint).

N. Nicolas (Saint.)

NICOLAS est un Saint très-célèbre dans l'Eglise. Il est né à Patare en Lycie, d'une famille illustre : il se signala par ses aumônes. Après la mort de ses parens, il donna presque tous ses biens aux pauvres. Ce fut dans un voyage qu'il fit pour aller visiter la Terre-Sainte qu'il apaisa une grande tempête qui était sur le point de faire périr tout le monde ; ce qui a fait que les matelots l'ont pris pour leur patron. Il se dirigea vers la ville de Mire, métropole de la Lycie ; les évêques qui y étaient assemblés prirent la résolution d'élire pour évêque celui qui le lendemain entrerait le premier dans l'Eglise : ce fut Saint Nicolas qui arrivant dans la ville, et allant selon sa coutume rendre grâce à Dieu et le

prier, entra ce jour-là le premier à
l'Eglise et il fut élu Evêque de Mire.
Il remplit ces nouvelles fonctions avec
piété ; son zèle pour la foi le fit con-
damner au bannissement par les édits
de Dioclétien et de Maximien. On
ignore l'époque et le genre de sa mort.
Saint Nicolas est aussi le patron des
garçons.

O.   Omer (Saint.)

OMER nâquit vers la fin
du sixième siècle. Dieu
lui ayant fait connaître
la vanité du monde, il
se retira au monastère
de Luxeuil, dans le dio-
cèse de Besançon. Son
humilité, son obéissance
et ses autres vertus édifiaient toute la
communauté. Il avait une douceur
qui le rendait aimable à tout le monde, quoiqu'il usât d'une grande

sévérité envers lui-même. Le roi Dagobert le demanda à l'Abbé de Luxeuil, pour lui faire remplir les fonctions les plus élevées de l'Eglise; il fut en effet sacré Evêque de Térouanne en l'an 636. Saint Omer trouva la plus grande partie de son peuple plongée dans l'idolâtrie, et tous dans des vices grossiers. Aussi ne s'épargna-t-il pas; il travailla fortement à réformer les mœurs des Chrétiens qu'il avait à conduire, et à leur faire observer les lois de Dieu. En assez peu de temps, avec le secours de la grâce de Dieu, il fit tant de solides conversions, qu'il y avait peu de diocèses aussi bien édifiés que le sien. Il fonda le monastère de Saint Sithin ou Saint Berthein, où il se retirait lui-même quelquefois pour se livrer à la contemplation, quand les fonctions de sa charge lui en laissait le temps. Il devint aveugle dans sa vieillesse, et supporta avec résignation ce malheur que Dieu lui envoyait; il s'en félicitait même parce qu'il avait ainsi plus de liberté pour méditer la loi du Seigneur. Il mourut en 688.

P.　　Pierre (Saint.)

PIERRE, prince des Apôtres, fils de Jean et frère de Saint André, nâquit à Betsaïde, petite ville de la Galilée. Il était pêcheur et suivit Jésus-Christ après le miracle de la grande pêche que le Sauveur opéra devant le peuple. Saint Pierre assista à la dernière Cène et fut le premier à qui Jésus-Christ lava les pieds. Il se trouva dans le Jardin des Olives quand Jésus-Christ fut arrêté, et il coupa l'oreille à Malchus, serviteur du grand-prêtre Caïphe devant lequel le Sauveur fut conduit. Il renia trois fois Jésus-Christ en protestant qu'il ne le connaissait pas, lorsqu'une servante prétendait qu'il était un des gens de sa suite;

Pierre (Saint).

Quentin (Saint).

mais après avoir commis cette faute, il pleura amèrement. Jésus-Christ étant mort, Saint Pierre fut témoin de sa résurrection et de son ascension. Dieu voulant que l'Evangile fût annoncé aux Gentils, il permit que la persécution s'allumât contre les Apôtres qui furent dispersés. Saint Pierre vint à Samarie et prêcha suivant les ordres de Dieu; plus tard il alla à Jérusalem, fut mis en prison par l'ordre d'Hérode Agrippa, et délivré par un ange. Enfin il vint à Rome où ses travaux évangéliques furent couronnés par le martyre sous le règne de Néron. Il fut crucifié en l'an 66.

Q. Quentin (Saint.)

QUENTIN était fils d'un sénateur romain. Il vint en France vers l'an 245, pour y prêcher la parole de Dieu. Il s'arrêta à Amiens où il s'appliqua à faire connaître l'Evangile de Jésus-Christ. Ses travaux apostoliques furent récompensés par la gloire du martyre sous les empereurs Dioclétien et Maximien, et sous le préfet Rictiovare, le plus cruel persécuteur des Chrétiens. Ce préfet fit amener devant lui Saint Quentin chargé de chaînes; il lui fit de magnifiques promesses pour l'engager à renoncer à Jésus-Christ. N'ayant pu le séduire par ce langage trompeur, il chercha à l'intimider par les plus terribles menaces. Dieu fortifia Saint Quentin contre la séduction et le soutint contre toutes les menaces du persécuteur. Rictiovare, irrité de le voir si constant, le fit jeter dans un cachot obscur, le fit frapper avec des chaînettes de fer; puis on lui versa sur le dos de l'huile, de la poix et de la graisse bouillante; on lui fit verser encore dans la bouche de la chaux, du vinaigre et de la moutarde, afin de lui ôter la parole. Saint-Quentin supporta avec courage ces différents

Roch (Saint).

Sébastien (Saint).

supplices, et ne voulut pas renoncer à Jésus-Christ. Alors le cruel Rictiovare, las de ne pouvoir abattre la foi de ce Saint, le fit mourir en lui faisant percer le corps avec deux barres de fer. Ce fut ainsi que Saint Quentin consomma son martyre après des douleurs inouïes.

R. Roch (Saint.)

ROCH est né à Montpellier d'une famille noble, vers la fin du treizième siècle. Ayant perdu son père et sa mère à l'âge de 20 ans, il alla à Rome en pélerinage. Il s'arrêta dans plusieurs villes d'Italie qui étaient affligées de la peste et se dévoua au service des malades dans les hôpitaux. Rome étant attaquée du même mal, il y alla, et s'y occupa de même pendant environ trois ans. Au retour il s'arrêta à Plaisance, où cette maladie régnait alors. Saint Roch en fut frappé lui-même, et réduit à sortir non-seulement de l'hôpital, mais de la ville, pour ne pas infecter les autres. On dit qu'il fut assisté par un seigneur nommé Gothard, auquel il inspira le mépris du monde et l'amour de la retraite. Saint Roch étant guéri, revint à Montpellier, où il mourut le 16 août 1327.

S.   Sébastien (Saint.)

AINT Sébastien, né à Narbonne, était originaire de Milan; il y fut élevé. Depuis ayant quitté cette dernière ville pour aller à Rome, il embrassa la profession des armes. Ses premières vues n'avaient point été pour cette profession, mais le désir de servir les Chrétiens dans les persécutions qu'on leur suscitait, l'emporta sur son inclination. L'empereur Dioclétien prit Sébastien en affection, et lui donna la charge de capitaine de ses Gardes : son état militaire ne le rendant pas suspect, il conservait une plus grande liberté pour vaquer aux œuvres de charité sans donner ombrage aux payens. Il visitait ceux qui étaient en prison pour la Foi, et les encourageait à souffrir. On découvrit enfin qu'il était Chrétien : l'empereur le fit venir devant lui et lui reprocha son ingratitude. Saint Sébastien répondit qu'il n'avait pas cessé de prier pour l'Empereur, mais qu'il avait adressé ses prières à Dieu qui est dans le ciel et à Jésus-Christ, mais non à des idoles de pierres ou de bois. Dioclétien irrité de cette réponse, le fit attacher à un poteau et percer de flèches. On le laissa pour mort, mais une sainte femme qui vint pour l'enterrer, le trouva encore vivant. Elle l'emmena dans sa maison où il fut guéri en assez peu de temps. Il se représenta devant l'Empereur, qui n'en pouvait croire ses yeux ; Saint Sébastien lui reprocha son idolâtrie, et Dioclétien le fit assommer à coups de bâton et son corps fut jeté dans un cloaque.

T.   Thérèse (Sainte.)

THÉRÈSE nâquit à Avila, ville du royaume de Castille en Espagne en 1515. Elle était d'une famille noble et ancienne, mais plus recommandable encore par ses vertus. Son père faisait tous les jours la lecture de la vie des Saints dans sa famille : la petite Thérèse y prit un goût tout particulier, et souvent elle prenait le livre pour continuer cette lecture pendant plusieurs heures de suite. Ste Thérèse prit l'habit de religieuse dans le monastère de l'Incarnation de l'ordre du Mont-Carmel. Les progrès

Thérèse (Sainte).

Urbain (Saint), pape.

4ᵉ

qu'elle fit dans la vertu surprirent ses compagnes. Pendant qu'elle se livrait à ses exercices de piété, Dieu permit qu'une personne lui parlât du dessein qu'elle avait de fonder un monastère, si quelques religieuses voulaient entreprendre d'y observer la règle de l'Ordre dans toute sa pureté. Après bien des efforts, elle eût la douce consolation de réussir. Quoique son corps faible et délicat fut encore plus épuisé par des maladies fréquentes, elle entreprenait ce qu'il y avait de plus difficile avec ardeur, et l'exécutait avec courage. Elle mourut comme une sainte le 4 octobre 1585 âgée de 67 ans.

U.   Urbain (Saint.)

URBAIN nâquit sur la fin du second siècle : dès sa jeunesse il se fit remarquer par son goût pour l'étude et surtout par sa piété et sa charité. Etant entré dans les ordres ecclésiastiques, sa vie régulière et contemplative le fortifia dans les vertus que son éducation première avait développées chez lui. Il fut élu pape le 21 octobre 224. Il gouverna saintement l'église pendant les jours de paix et de tranquillité dont elle jouit sous l'empereur Alexandre Sévère. Des agens subalternes parvinrent à ranimer les passions contre les Chrétiens ; des persécutions ardentes recommencèrent contre l'Eglise : le pape Urbain I fit tous ses efforts pour les arrêter et surtout pour soutenir les fidèles dans leur foi en Jésus-Christ et dans leurs principes religieux. Ces efforts attirèrent sur lui la haine des persécuteurs, qui lui firent souffrir d'horribles tortures, puis luicoupèrent la tête le 25 mai de l'an 230. Toutes ces persécutions loin d'arrêter les progrès de la religion chrétienne, ne firent que les hâter ; l'exemple des vertus et de la constance des martyrs, frappaient les paiens, qui se convertissaient.

Vincent de Paul (Saint).

Xavier François (Saint).

V. Vincent de Paul (Saint.)

INCENT de Paul nàquit le 24 août 1576, dans la paroisse de Poy, au diocèse de Dax. Ses parens avaient six en-fans, et exploitaient une petite ferme qui leur appartenait. Le père, re-marquant chez son fils de rares dis-positions pour les sciences et la piété, l'envoya à Dax faire ses premières études, et plus tard à Toulouse pour y suivre un cours de théologie. Ayant achevé ses études, il alla à Marseille pour recevoir un legs que lui avait fait un de ses amis : comme, pour reve-nir, il avait pris la voie de la mer, il fut fait prisonnier par un pirate, et vendu d'abord à un pêcheur de Tunis en Afrique, puis à un médecin, enfin à un renégat : il eut beaucoup à souf-frir pendant sa captivité, mais sa foi et sa piété le soutinrent dans le malheur. Il fit repentir le renégat d'avoir changé de religion ; celui-ci profitant de ces exhortations, revint en France emmenant avec lui Vincent de Paul. Le Saint s'occupa avec ardeur à former une compagnie de Missionnaires qui allaient dans les fermes et dans les campagnes pour instruire les habitans extrêmement ignorans même sur les premiers principes de la religion. Saint Vincent de Paule tourna aussi son active charité vers le soulagement des forçats : il établit dans les bagnes un ordre nouveau ; il allait de rang en rang, il écoutait les plaintes des galériens, il compatissait à leurs peines, s'ouvrait le chemin de leurs cœurs et y faisaisait descendre les consolations de la religion ; il engagea aussi les officiers à traiter avec plus de ménagemens des hommes déjà assez malheureux. Ses soins ne furent pas inutiles : on eût plus d'humanité d'un côté, et plus de docilité de l'autre. Il fonda aussi cette société, devenue depuis si célèbre sous le nom de *Filles de la*

Charité : la vocation de ces filles admirables est de prendre soin des pauvres dans les paroisses, d'élever et d'instruire les jeunes filles privées de leurs parens, de soigner les malades dans les hopitaux. Après une vie remplie de travaux utiles et pieux, Saint Vincent de Paul mourut le 27 septembre 1660, âgé de 85 ans.

X. Xavier François (St.)

XAVIER, surnommé l'apôtre des Indes, né à Xavier, au pied des Pyrénées, le 7 avril 1506, enseigna la philosophie au collége de Beauvais à Paris. Il s'unit ensuite avec Ignace de Loyola, dont il fut un des sept compagnons qui firent vœu d'aller travailler à la conversion des infidèles. Il s'embarqua à Lisbonne pour les Indes orientales en 1541. De Goa, où il se fixa d'abord, il répandit la lumière de l'évangile sur la côte de Comorin, à Malaca, dans les Moluques, au Japon; après avoir parcouru d'autres pays où il fut assez mal accueilli, il se rendit dans le royaume de Bungo. De là il s'embarqua pour la Chine; mais son voyage ayant été traversé par plusieurs obstacles, il tomba malade et mourut en 1452, dans une île, à la vue du royaume de la Chine, où il brûlait de porter la foi. Grégoire XV le canonisa en 1622.

Y.   Yves (Saint.)

YVES nâquit l'an 1253 le 17 octobre, au diocèse de Tréguier, de parens nobles et vertueux qui lui procurèrent une éducation convenable à sa naissance: ses goûts le portèrent à embrasser l'état ecclésiastique. Il fut un pasteur

Yves (Saint).

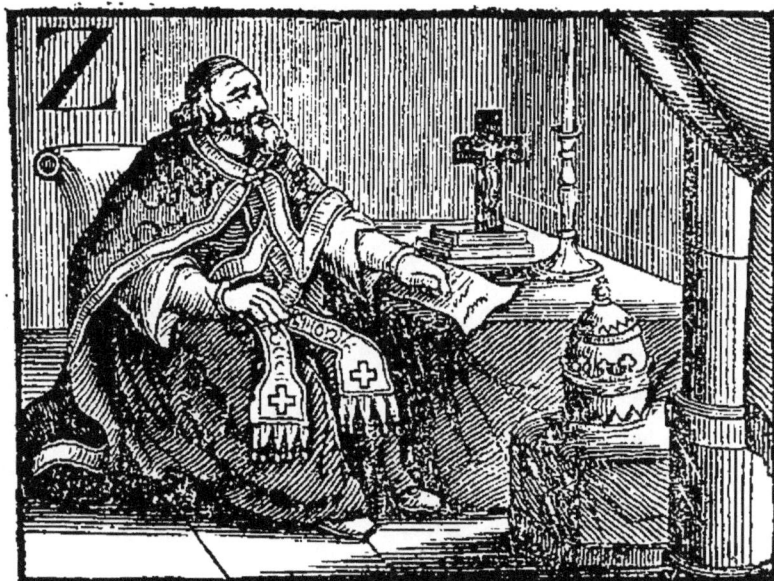

Zacharie (Saint).

vigilant et appliqué à ses devoirs.
Comme ses instructions étaient solides, pressantes et pleines d'onction,
et que la régularité de sa conduite
jointe à beaucoup de vertus annonçait
qu'il pratiquait ce qu'il enseignait,
Dieu convertit beaucoup de personnes
par son ministère. Il était aussi l'ar-
bitre de tous les différends ; ceux qui
avaient des affaires embarrassantes ou
des querelles à terminer, s'en remet-
taient volontiers à son jugement. Il
avait un soin particulier des pauvres ;
non-seulement il leur donnait l'au-
mône, mais il les faisait manger avec
lui. Il distribuait son blé à ceux qui
n'en avaient point, ou il le vendait
au profit des pauvres, dès que la ré-
colte était faite ; car il avait pour maxi-
me, qu'il ne faut pas faire attendre
ceux qu'on peut assister d'abord. Pendant quinze ans il jeûna au pain et à
l'eau le carême entier et même plusieurs autres jours de l'année, et il
ajoutait toujours à ses austérités afin
de se rendre plus conforme à Jésus-

Christ qu'il se proposait pour modèle. Il mourut en 1303, laissant au monde de nombreux traits de piété et de charité à imiter.

❈◉◉◉◉◉◉◉◉◉◉◉◉◉◉◉◉◉◉◉❈

Z.   Zacharie (Saint.)

ZACHARIE, Grec de naissance, monta sur la chaire de St. Pierre après Grégoire III en 741. Il célébra divers conciles pour rétablir la discipline ecclésiastique. Il racheta beaucoup d'esclaves que les Vénitiens voulaient vendre aux infidèles, et établit une distribution d'aumônes aux pauvres et aux malades. Ce pontife mourut le 14 mars 752, et fut pleuré comme un père. Sa clémence était telle, qu'il combla d'honneurs ceux qui l'avaient le plus persécuté avant son pontificat. Ce fut Zacharie qui qui commença la bibliothèque dite *Vaticane*, devenue depuis si célèbre.

A mon Papa, le Jour de sa fête.

CHER PAPA,

Je renouvelle en ce jour tous les vœux et tous les souhaits de bonheur que j'ai formés pour vous dans toutes les circonstances passées. Je vous souhaite la plus heureuse des Fêtes : je conjure le ciel de bénir toutes vos entreprises, de couronner, dans ce monde, vos belles vertus, et de me rendre chaque jour plus capable de vous prouver ma tendresse et ma reconnaissance, avec lesquelles je serai, toute ma vie,

Votre respectueux et dévoué fils, etc.

A ma Maman, le Jour de sa fête.

CHÈRE MAMAN,

Mon cœur t'aime toujours avec tendresse. Je sais combien tu mérites toute mon amitié et mon dévoûment, aussi j'ai formé la résolution de ne jamais rien faire qui puisse te chagriner. Agrée, en ce jour de ta fête, l'hommage de ces sentimens. Si le ciel est favorable à mes vœux, tu seras la plus heureuse des mères. Ce bonheur t'est dû. Conserve-moi toujours ta tendresse ; sois sûre de la mienne, et crois que je serai toute ma vie, avec une parfaite reconnaissance,

Ton dévoué et respectueux fils, etc.

ÉLÉMENTS
D'ARITHMÉTIQUE.

1. *Signes élémentaires.*

Chiffres arabes :

0. 1. 2. 3. 4. 5. 6. 7. 8. 9.

Chiffres romains :

I. V. X. L. C. D. M.

2. *Numération.*

RÉGLE : On est convenu que tout
chiffre arabe, placé à la gauche d'un
autre, exprime des unités dix fois plus
grandes que s'il était à sa place. Le
dernier chiffre à droite exprime donc
toujours des unités simples : le suivant
à gauche, des dixaines ; le 3.ᵉ des centaines ; le 4.ᵉ des unités de mille ; le
5.ᵉ des dixaines de mille ; le 6.ᵉ des

centaines de mille ; le 7.ᵉ des unités de millions ; le 8.ᵉ des dixaines de millions , et ainsi de suite.

EXEMPLES :

Chiffres arabes.		Valeur.		Chiffres romains.
0	—	zéro (remplit les places vides.)		
1	—	un	—	I.
2	—	deux	—	II.
3	—	trois	—	III.
4	—	quatre	—	IV.
5	—	cinq	—	V.
6	—	six	—	VI.
7	—	sept	—	VII.
8	—	huit	—	VIII.
9	—	neuf	—	IX.
10	—	dix	—	X.
12	—	douze	—	XII.
16	—	seize	—	XVI.
19	—	dix-neuf	—	XIX.
20	—	vingt	—	XX.
24	—	vingt-quatre		XXIV.
30	—	trente	—	XXX.
42	—	quarante-deux		XLII.
54	—	cinquante-quatre		LIV.

Chiffres arabes.	Valeur.	Chiffres romains.
86	quatre-vingt-six	LXXXVI.
99	quatre-vingt-dix-neuf	XCIX.
100	— cent —	C.
101	— cent un —	CI.
110	— cent dix —	CX.
115	— cent quinze	CXV.
304	trois cent quatre	CCCIV.
595	cinq cent quatre-vingt-quinze	DXCV.
972	neuf cent soixante – douze	CMLXXII.
1000	— mille —	M.
1832	mil hui cent trente – deux	MDCCCXXXII.

3,402,091

Trois *millions*, quatre cent deux *mille*, quatre-vingt-onze *unités*.

3. *Opérations.*

Les nombres peuvent être augmentés ou diminués. On les augmente par *l'addition* ou la *multiplication*. On les diminue par la *soustraction* ou la *division*.

Par l'addition on réunit plusieurs nombres en un seul nombre qui les vaut tous.

Par la soustraction on ôte ou retranche un nombre d'un autre nombre qui le contenait ; — ou bien on partage un nombre en deux autres nombres ; — ou bien on détermine de combien un nombre est plus grand ou plus petit qu'un autre.

Tableau de l'addition et de la soustraction.

1	2	3	4	5	6	7	8	9	10
1	1	1	1	1	1	1	1	1	11
2	2	2	2	2	2	2	2	2	12
3	3	3	3	3	3	3	3	3	13
4	4	4	4	4	4	4	4	4	14
5	5	5	5	5	5	5	5	5	15
6	6	6	6	6	6	6	6	6	16
7	7	7	7	7	7	7	7	7	17
8	8	8	8	8	8	8	8	8	18
9	9	9	9	9	9	9	9	9	19

EXEMPLES POUR INDIQUER L'USAGE DE CE
TABLEAU.

Addition: 3 et 4 font 7. — 9 et 6 font 15.
Soustraction : Si de 7 j'ôte 4 reste 3.
            Si de 15 j'ôte 9 reste 6.

AUTRES EXEMPLES.

Addition.

$$347$$
$$86$$
$$502$$
$$9$$
_____
$$944$$

Soustraction.

5628	4103
3216	1256
2412	2847

Par la multiplication on réunit plusieurs nombres *égaux entr'eux* en un
seul nombre qui les vaut tous.

Par la division, on ôte ou retranche

plusieurs fois de suite un *même* nombre d'un autre nombre qui le contenait ; — ou bien on partage un nombre en plusieurs nombres *égaux* ; — ou bien on détermine combien de fois un nombre est contenu dans un autre.

Tableau de la multiplication et de la division.

1	2	3	4	5	6	7	8	9
2	4	6	8	10	12	14	16	18
3	6	9	12	15	18	21	24	27
4	8	12	16	20	24	28	32	36
5	10	15	20	25	30	35	40	45
6	12	18	24	30	36	42	48	54
7	14	21	28	35	42	49	56	63
8	16	24	32	40	48	56	64	72
9	18	27	36	45	54	63	72	81

EXEMPLES POUR INDIQUER L'USAGE DE CE TABLEAU.

Multiplication : 5 fois 9 font 45.

Division : 9 en 45 est contenu 5 fois.

AUTRES EXEMPLES.

Multiplication.

$$
\begin{array}{r}
34218 \\
9 \\
\hline
307962
\end{array}
$$

Division.

$$
\begin{array}{r|l}
307962 & 9 \\
27\cdots & \overline{34218} \\
\hline
\text{»}37 & \\
36 & \\
\hline
\text{»}19 & \\
18 & \\
\hline
\text{»}16 & \\
9 & \\
\hline
\text{»}72 & \\
72 & \\
\hline
\text{»»} &
\end{array}
$$

4. *Poids et Mesures.*

La terre est une boule. Un fil qui entourerait cette boule dans sa plus grande grosseur aurait neuf mille lieues de longueur. Si l'on partageait ce fil en 40 millions de parties égales, chacune de ces parties aurait une certaine longueur que l'on est convenu d'appeler *mètre*. Le mètre est la mesure principale ou qui sert à former toutes les autres.

Déca   signifie   dix.
Hecto   —   cent.
Kilo   —   mille.
Myria   —   dix mille.
Déci   —   la dixième partie.
Centi   —   la centième partie.
Milli   —   la millième partie.

Ainsi un *décamètre* est une mesure de dix mètres ; un *hectomètre*, une mesure de cent mètres ; un *kilomètre*, une mesure de mille mètres ; et un *myriamètre* une mesure de dix mille mètres.

De même un *décimètre* est la dixième partie d'un mètre ; un *centimètre*, la centième partie d'un mètre ; et un *millimètre*, la millième partie d'un mètre.

Un tas de bois qui aurait un mètre de largeur et un mètre de hauteur, et, dont les buches auraient un mètre de longueur, s'appelle un *stère*.

Une surface quarrée dont chaque côté aurait un décamètre de longueur, s'appelle un *are*.

La quantité de grains ou de liquide que pourrait contenir une boîte de la forme d'un dez à jouer, et dont chaque côté aurait un décimètre de longueur, s'appelle un *litre*.

Le poids de l'eau pure que pourrait contenir un très-petit vase de la forme d'un dez à jouer, et dont chaque côté aurait un centimètre de longueur, s'appelle un *gramme*.

Une pièce d'argent pesant 5 grammes et composée de neuf partie d'argent pur et d'une partie de cuivre, s'appelle un *franc*. Le franc se partage en dix *décimes* ou en cent *centimes*.

FIN.

IMPRIMERIE DE TH.-FRÉD. DECKHERR A MONTBÉLIARD.

On trouve à la même adresse :

Alphabet biographique français, orné d^e 25 jolies vignettes, in-16.

Alphabet des arts et métiers, orné de charmantes vignettes.

Alphabet d'histoire naturelle, avec de jolies vignettes en taille-douce.

Buffon (petit) des Enfans, ou extrait d'histoire naturelle, des Quadrupèdes, Reptiles, des Poissons et des Oiseaux, pour l'instruction de la Jeunesse, avec figures, in-18.

Contes et Historiettes de Berquin, in-18.

Élémens de la Grammaire française de Lhomond, avec les Homonymes.

Fables de Lafontaine, 2 parties in-18.

Fables et Vie d'Ésope le Phrygien, avec 74 vignettes in-18.

Magasin des Enfans, ou Dialogues d'une sage Gouvernante avec ses Elèves, etc. par Me Leprince de Beaumont, 4 vol. in-18, orné de 24 figures en bois.

Manuel d'Arithmétique ancienne et décimale, in-18.

Mort d'Abel, par Salomon Gessner, in-18.

Nouveau choix de cent Fables de Lafontaine, avec frontispice et une vignette à chaque fable.

Syllabaire, ou premiers Élémens de la lecture, in-16, orné de 10 fig.